Anselm Grün

Alles Gute zum Geburtstag

Anselm Grün

Alles Gute zum Geburtstag

Vier-Türme-Verlag

Bibliographische Information der Deutschen Nationalbibliothek

Die Deutsche Nationalbibliothek verzeichnet diese Publikation in der Deutschen Nationalbibliographie. Detaillierte bibliographische Daten sind im Internet über http://dnb.d-nb.de abrufbar.

FSC
www.fsc.org
MIX
Papier aus verantwortungsvollen Quellen
FSC® C014889

1. Auflage 2014

Umschlaggestaltung: Andrea Göppel, Augsburg
Umschlagfoto: Andrea Göppel, Augsburg
Druck und Bindung: Pustet, Regensburg
ISBN 978-3-89680-873-8

www.vier-tuerme-verlag.de

INHALT

Alles Gute

Du hast Geburtstag. Ich wünsche Dir alles Gute. Ich wünsche Dir das, was die Juden mit »Schalom« ausdrücken. Schalom bedeutet nicht nur Frieden, sondern dass alles für Dich stimmt, dass Du inneres Glück erfährst, dass Dein Leben so ist, wie Du Dir es wünschst. Mit dem Schalom wünsche ich Dir innere Zufriedenheit, dass Du mit Dir selbst im Frieden bist und dass Du dankbar und zufrieden auf Dein Leben schauen kannst.

Und ich wünsche Dir an Deinem Geburtstag Gottes Segen. Im Segen Gottes ist alles Gute enthalten, was ich Dir wünschen mag. Segen, das sind gute Worte. Ich wünsche Dir, dass Du an Deinem Geburtstag gute Worte hörst von den Menschen, die Dir gratulieren, dass sie das Gute ansprechen, das sie in Dir sehen. Ich wünsche Dir, dass Du selbst gute Worte über Dich und Dein Leben findest, dass Du Gott in diesen guten Worten danken und preisen kannst für alles, was er Dir geschenkt hat in Deinem Leben.

Ich wünsche Dir auch, dass von Dir Segen ausgeht, dass Du gute Worte für die Menschen findest, die Dir heute begegnen und die Dir heute gratulieren.

Segen heißt aber noch etwas anderes: Er bedeutet Fruchtbarkeit, Aufblühen, Wachsen, Fülle. Ich wünsche Dir den Segen Gottes, dass Du immer mehr in die einmalige Gestalt hineinwächst, die sich Gott für Dich ausgedacht hat. Und ich wünsche Dir, dass Du zur Blüte bringst, was in Dir angelegt ist. All das, was Dir Gott geschenkt hat an Schönheit, an Fähigkeiten, an Eigenschaften, das möge aufblühen und zur Frucht werden, die andere genießen können.

Ich wünsche Dir das Vertrauen, dass Du schon zum Segen geworden bist für andere, dass andere sich nähren können von Deiner Gegenwart, von Deiner Ausstrahlung, von dem, was Du ihnen sagst und wie Du an ihnen handelst.

Segen bedeutet, dass Gott gut an Dir handelt. Im Matthäusevangelium erzählt uns Jesus das Beispiel des Vaters, der seinem Sohn etwas Gutes gibt: Brot oder einen Fisch. Und dann sagt Jesus:

> *»Wenn nun schon ihr, die ihr böse seid, euren Kindern gebt, was gut ist, wieviel mehr wird euer Vater im Himmel denen Gutes geben, die ihn bitten.«*
>
> Matthäus 7,11

Gott hat Dich schon gesegnet mit ganz viel Gutem, das in Dir ist, und mit dem Guten, das er Dir getan hat. Und Gott möge Dich heute an Deinem Geburtstag von Neuem segnen und Dir gute Gaben schenken: All das, was Du Dir selbst wünschst, all das, was gut ist für Dich und was Dich selbst gut macht.

Lukas übersetzt uns dieses Wort Jesu etwas anders:

»Wieviel mehr wird der Vater im Himmel den Heiligen Geist denen geben, die ihn bitten.«

Lukas 11,13

Das Gute, das Gott Dir am Geburtstag schenken möge, ist der Heilige Geist. Der Heilige Geist ist eine Quelle, aus der wir immer schöpfen können, die uns immer erfrischt und nährt und lebendig hält. Und der Heilige Geist ist eine »dynamis«, eine Kraft, die unsere eigene Kraft befruchtet und lebendig hält. Das wünsche ich Dir vor allem an Deinem Geburtstag, dass Dir die Kraft nie ausgeht, dass Du in Deiner Kraft immer aus der Kraft des Heiligen Geistes schöpfst, die in Dir sprudelt wie eine Quelle, die nie versiegt. Und ich wünsche Dir, dass Du im Heiligen Geist die Quelle der Liebe entdeckst, die auf dem Grund Deiner Seele aufspringt, um Dich selbst mit Liebe zu erfüllen und um von Dir ausgehend einen Strom der Liebe zu den Menschen strömen zu lassen.

Ich wünsche Dir, dass Du an deinem Geburtstag erkennen kannst: Ich bin selbst Segen für andere. Ich weiß um meine Fehler und Schwächen. Ich kann mich mit dem Bild des Segens nicht aufblähen und über andere stellen. Aber ich darf dankbar bekennen, dass ich in meinem Leben immer wieder Segen sein durfte für andere. Auch für Dich gilt die Verheißung, die Gott dem Abraham zugesagt hat:

»Ein Segen sollst du sein. Ich will segnen, die dich segnen ... Durch dich sollen alle Geschlechter der Erde Segen erlangen.«

Genesis 12,2f

An Deinem Geburtstag sollst Du dieses Wort Gottes in Dich hineinfallen lassen. Dann wirst Du erkennen, wie viele Menschen durch Dich Segen erlangt haben. So kannst Du dankbar Gott preisen für den Segen, den er Dir gewährt hat und der Du selbst sein darfst.

Du bist geboren

Dass Du geboren bist, verdankst Du der Liebe Deiner Eltern. Sie haben sich geliebt, sind in der Liebe eins geworden und haben Dich gezeugt. Deine Mutter hat Dich neun Monate in ihrem Leib getragen. Du hast alle ihre Gefühle in ihrem Mutterschoß mitbekommen, ihre Liebe, aber auch ihre Sorgen und Ängste um Dich. Du hast Dich in ihrem Mutterschoß daheim gefühlt, wie im Paradies.

Doch dann wurdest Du in der Geburt schmerzlich herausgestoßen aus diesem paradiesischen Zustand. Du musstest durch den engen Geburtskanal hindurch. Vielleicht hat man Dich sogar mit Gewalt durch diesen Kanal gedrängt. Deine erste Reaktion auf die fremde Welt, in die Du hineingestoßen worden bist, war ein Schrei. Aber dann hat Dich Deine Mutter auf den Arm genommen und an ihr Herz gedrückt. Da hast Du Geborgenheit und Sicherheit gespürt, den gleichen

Atemrhythmus, den Du schon in ihrem Mutterleib wahrgenommen hast. Und Deine Mutter hat Dich dem Vater übergeben, damit er Dir mit seinen starken Armen Halt und Kraft verleiht.

Nach Deiner Geburt war noch nichts in Dir und für Dich festgelegt. Und doch warst Du kein unbeschriebenes Blatt. Du hast schon auf Deine ganz persönliche Weise reagiert: auf das Lächeln Deiner Mutter und Deines Vaters, auf Deinen Hunger und auf irgendwelche Schmerzen, die Dir Unlust bereitet haben.

Du hattest schon Deinen eigenen Charakter. Du bist einmalig. Wie diese Einmaligkeit zustande gekommen ist, wissen wir nicht. Du hast etwas von Deinem Vater und von Deiner Mutter mitbekommen. Aber warum gerade Du mit Deiner einmaligen Weise, zu atmen, zu schreien, zu lächeln, zustanden gekommen bist, das wissen wir nicht, das bleibt ein Geheimnis. Du kannst diese Einmaligkeit aber nicht nur von der Biologie und ihrer einmaligen Zusammensetzung der Chromosome erklären, sondern auch von Gott her. Du bist ein einmaliges Bild, das Gott sich nur von Dir gemacht hat.

Dieses Bild war Dir am Anfang nicht bewusst. Du wurdest geformt und erzogen von Deinen Eltern. Sie haben das, was Du schon von Anfang an warst, in eine Form hineingebracht. Manchmal haben sie Dich vielleicht auch etwas verbogen. Sie haben Dich zu sehr in das Bild hineingepresst, das sie sich von Dir gemacht haben. Und sie haben zu wenig dieses einmalige Bild berücksichtigt, das Du von Gott her bist.

Du darfst aber darauf vertrauen, dass das, was die Eltern an Dir geformt und gebildet haben, gut war, dass es Dich vorangebracht hat, dass Du dadurch reifen konntest.

Jetzt ist es Deine Aufgabe, durch all die Bilder und Erwartungen hindurch, die andere in Dich hineingelegt haben, Dein einmaliges, unverfälschtes, ursprüngliches Bild zu entdecken, das Gott sich von Dir gemacht hat.

Bei Deiner Geburt lag die Welt noch vor Dir. Es war noch nicht klar, welchen Weg Du einschlagen wirst, welchen Beruf Du erlernen wirst, wie Du Dich charakterlich entwickelst. Wenn Du an Deine Geburt zurückdenkst, kannst Du Dir vorstellen: Wenn ich noch einmal am Anfang wäre, würde ich den gleichen Weg zurücklegen, den ich gegangen bin? Oder würde ich einen ganz anderen Weg einschlagen? Würde ich mich beruflich anders orientieren? Hätte ich manches bewusster in mir ausgebildet?

Wenn Du Dich an Deinem Geburtstag an Deine Geburt erinnerst, kannst Du Dir vorstellen: Auch jetzt in diesem Augenblick kann ich trotz der bisher schon gelebten Jahre neu anfangen, kann ich wieder in Berührung kommen mit diesem ursprünglichen und unverfälschten Bild Gottes in mir. Ich bin durch die Jahre nicht einfach festgelegt. Ich bin einen Weg gegangen. Ich habe mich in diese Person hinein entwickelt, die ich jetzt bin. Aber ich kann mich immer wieder an dieses ursprüngliche kleine Kind erinnern. Und indem ich mich erinnere, komme ich in Berührung mit dem Innersten in mir, das diesem ursprünglichen Bild in mir entspricht.

Das Nachdenken über Deine Geburt wird Dich auch noch auf andere Gedanken bringen: Warum bin ich? Was heißt das: Ich bin? Ich könnte genauso gut nicht sein. Es ist ein Geheimnis, dass ich bin. Philosophen haben diese Tatsache zu bedenken versucht. Sie sagen: Ich bin in diese Welt hineingeworfen. Sie deuten das Wort »Existenz« in diesem Sinn:

Ich ex-istiere, ich stehe nicht in mir, sondern draußen in dieser Welt. Existenz meint aber noch etwas anderes: Ich bin nicht einfach ein Exemplar der Gattung Menschheit, sondern eine einmalige Person. Die Existenzphilosophie des letzten Jahrhunderts hat immer wieder betont, dass es nicht genügt, nur in einem rein biologischen Sinn zu leben:

»Es kommt darauf an, eine unverwechselbare Gestalt zu bekommen, aus der Namenlosigkeit hervorzutreten.«

Otto Betz, LexSpir 366

Es genügt nicht, nur vorhanden zu sein. Ich möchte existieren als diese einmalige Person. Die Existenzphilosophie spricht davon, dass wir unsere Existenz gewinnen sollen. Wir sollen das einmalige Wesen, die einmalige Person, die wir sind, auch verwirklichen. Die Philosophie spricht von der einmaligen Person.

Jeder Mensch ist als einmalige Person in diese Welt hineingeworfen worden. Und unsere Aufgabe ist es, diese einmalige Person zu sein. Die Theologie drückt das anders aus: Jeder Mensch ist ein einmaliges Bild, das Gott sich vom Menschen gemacht hat. Die Bibel sagt, dass Gott den Menschen nach seinem Bild (*eikon*) und Gleichnis (*homoioma*) geschaffen hat. (Genesis 1,27)

Die griechischen Kirchenväter haben daraus eine eigene Theologie der Person entwickelt. Jeder Mensch, sagen sie, ist von seinem Wesen her ein einmaliges Bild Gottes. Sie beschreiben das mit dem Wort »*eikon*«, von dem auch unser Wort »*Ikone*« kommt. Jeder Mensch ist eine Ikone Gottes, von seinem Wesen her. Unsere Aufgabe besteht nun darin, diesem Bild immer ähnlicher (*homoios*) zu werden. Wenn wir diesem inneren Bild ähnlich werden, dann entfalten wir das Potenzial, das Gott uns geschenkt hat, das Potenzial unserer seelischen Fähigkeiten, unseres Denkens und Fühlens.

Und wir werden uns unserer Sendung bewusst: Als Mensch werden wir nicht nur in diese Welt hineingeboren, damit wir das eigene Potenzial entfalten, sondern dass wir auch einen Auftrag erfüllen. Jeder hat bei seiner Geburt von Gott eine Sendung, einen Auftrag mitbekommen. Als Kind können wir diesen Auftrag noch nicht erkennen. Aber manchmal haben wir schon als Kind eine Ahnung, dass wir etwas Besonderes sind, dass wir eine Aufgabe in dieser Welt haben, dass wir diese Welt heller, wärmer und menschlicher machen sollen. In der Taufe wird uns eine Taufkerze überreicht. Die drückt aus, dass durch uns Licht in diese Welt kommen soll.

Am Geburtstag kannst Du Dir überlegen: Was ist meine Sendung? Welche Fähigkeiten hat Gott mir in die Hand gelegt? Und was sagt mir meine Lebensgeschichte über meinen Auftrag? Was ich erlebt habe, war ja nicht zufällig. Es war meine ganz persönliche Geschichte. Und diese Geschichte möchte mir etwas sagen. Besser noch: Gott möchte mir durch meine Lebensgeschichte etwas sagen. Diese Geschichte habe nur ich erlebt. Sie gehört zu meinem Personsein.

Wenn ich alle meine Erlebnisse meiner Vergangenheit an meinem Geburtstag Revue passieren lasse, dann ahne ich, dass sie alle eine Botschaft beinhalten, dass in meinem Leben ein Sinn steckt. Und ich erkenne den Auftrag, den Gott mir gegeben hat, weil er mir diese Erfahrungen geschenkt hat.

Zu diesen Erfahrungen gehören nicht nur schöne, sondern auch leidvolle Stunden. Aber gerade auch durch die leidvollen Erfahrungen kann ich erahnen, was meine Sendung ist.

Hildegard von Bingen meint, die Kunst der Menschwerdung würde darin bestehen, die Wunden in Perlen zu verwandeln. Vielleicht kann ich gerade in meinen Verletzungen auch die Perle entdecken, die Begabung entdecken, die Gott mir geschenkt hat, und meine Sendung, mich gerade den Menschen zuzuwenden, die ähnliche Leiderfahrungen gemacht haben.

Deine Lebensgeschichte

Deine Lebensgeschichte gehört zu Deinem Personsein, zu deiner Einmaligkeit. Daher nimm Dir gerade an Deinem Geburtstag Zeit, Deine Lebensgeschichte zu meditieren.

Du kannst zum Beispiel vom vergangenen Jahr ausgehen. Nimm Deinen Kalender vom vergangenen Jahr noch einmal zur Hand und schau Dir die einzelnen Monate an. Was hast Du in der Arbeit gemacht? Gab es da besondere Aufträge, besondere Erfolgserlebnisse oder auch Erfahrungen von Niederlagen oder Schwierigkeiten? Was war in der Familie? Wie haben sich die Kinder entwickelt, wie hat sich die Beziehung in der Ehe oder in der Freundschaft entwickelt? Welche besonderen Termine fielen in das vergangene Jahr: runde Geburtstage in deiner Verwandtschaft, Jubiläen, besondere Feste? Wie und wo hast Du Deinen Urlaub verbracht? Was waren besondere Glücksmomente im vergangenen Jahr?

Und wie hast Du Dich persönlich erlebt? Hast Du das Gefühl, dass das letzte Jahr Stillstand war, oder ist in Dir etwas gewachsen? Warst Du gesund oder hast Du Krankheit erlebt? Was will Dir die Krankheit sagen oder die körperliche Schwäche, die Du erfahren hast? Will Dir die Krankheit eine Botschaft geben, worauf Du in Zukunft achten sollst, dass Du vielleicht etwas langsamer trittst? Oder war die Krankheit eine Mahnung, dankbar zu sein für Dein Leben und Dir zugleich bewusst zu werden, dass Du Deine Gesundheit nicht garantieren kannst und dass Dein Leben begrenzt ist?

Meditiere das vergangene Jahr vor Gott und frage Gott: Was wolltest Du mir im vergangenen Jahr sagen? Wo bist Du mir begegnet und hast mich wachgerüttelt, damit ich endlich die Augen aufmache? Wo hast Du mich berührt? Was hat mich im letzten Jahr emotional am meisten berührt? Hast Du mich selbst dabei angerührt? Und dann danke Gott für das vergangene Jahr. Es gehört zu Dir. Es ist ein Teil von Dir. Es macht auch Deine Person aus.

Und dann geh vom vergangenen Jahr weiter in die Vergangenheit. Wie war das vorhergehende Jahr und die Jahre davor? Du kannst immer weiter zurückgehen in Deine Vergangenheit, bis Du zu Deiner Geburt gelangst.

Halte in den verschiedenen Phasen inne. Was hat Dich ausgemacht in Deiner Kindheit, in Deiner Jugend, in dem beginnenden Erwachsenenalter und dann in der Zeit bis zum heutigen Geburtstag? Wenn Du Dich mit dem Kind vergleichst, das Du warst und das Dir in den Kinderbildern entgegenlacht, spürst Du etwas von diesem Kind in Dir, von diesem ursprünglichen Kind, das seine eigenen Gefühle und Gedanken hatte, das seine ganz persönlichen Lebensträume hatte?

Es ist gut, wenn Du Dich daran erinnerst, was Du als Kind besonders geliebt hast und wogegen Du Dich gewehrt hast, weil Du eine innere Abneigung dagegen hattest. Und erinnere Dich daran, wo und wie Du gespielt hast. Gab es da Spiele oder einfach Tätigkeiten, in denen Du Dich vergessen konntest, die Du leidenschaftlich gerne gespielt oder getan hast, in denen Dein Herz ganz dabei war? Wenn Du diese Situationen anschaust, kannst Du vielleicht auch Deine eigenen Quellen entdecken, an die Du wieder Anschluss finden solltest.

Dann geh Deine Jugend durch. Wie hast Du die Pubertät erlebt? Hast Du da rebelliert oder warst Du eher angepasst? Ist die Rebellion gegen das Vorgegebene später ausgebrochen? Wofür hast Du Dich als Jugendlicher begeistert? Wenn Du da an Deine Träume denkst, was wolltest Du anders machen in dieser Welt? Oder warst Du so sehr mit Dir beschäftigt, dass Du gar keine Gedanken hattest, was Du in dieser Welt bewirken könntest?

Romano Guardini schreibt von seiner Jugend, dass er gleichsam unter der Decke gelebt hat. Er war noch gar nicht zu seinem eigentlichen Wesen, zu seiner einmaligen Person durchgebrochen. Vielleicht kennst Du auch solche Phasen in Deinem Leben, wo Du einfach gelebt hast, aber gar nicht mehr weißt, was Du eigentlich *erlebt* hast. Es war vielleicht nur ein einfaches Dahinleben oder ein Leben im Schutzraum. Du warst noch gar nicht zu Dir selbst erwacht.

Alle diese Phasen in unserem Leben haben einen Sinn. Am Geburtstag wäre es gut, all Deine Erfahrungen nach dem Sinn zu befragen, der darin steckt. Was möchten Dir die Erfahrungen heute sagen? Und Du sollst Dir bei all den Erinnerungen, die in Dir hochkommen, sagen: *Ja, das alles bin ich.* Auch das gehört zu mir. Ich will kein Jahr und keine Erfahrung in meinem Leben missen.

Und dann geh weiter an Deinem Leben entlang: Du hast Deinen Beruf gefunden. Du hast vielleicht eine Familie gegründet oder bist allein geblieben. Wie war der Anfang Deiner Ehe und wie hat sie sich bis heute entwickelt? Bist Du bewusst allein geblieben oder hat sich Deine Sehnsucht nach einer Partnerschaft einfach nicht erfüllt? Was hat Dich in dieser Anfangszeit Deines Erwachsenenseins bewegt? Gelang da alles oder hattest Du den Eindruck, dass Du nicht richtig in das Leben findest?

Wenn Du die Zeit bis jetzt bedenkst, wie siehst Du heute Dein Leben? Wo gab es Krisen? Haben Dich die Krisen mehr mit Deinem inneren Kern, mit Deinem wahren Selbst in Berührung gebracht? Waren die Krisen für Dich immer auch eine Chance, weiterzuwachsen, ehrlicher und sensibler und wacher zu werden? Oder haben Dich die Krisen belastet und Dich am Leben gehindert?

Versuche an Deinem Geburtstag, Dein ganzes Leben vor Gott dankbar anzuschauen und mit Gott darüber zu sprechen, was er Dir mit all dem, was Du erlebt hast, sagen möchte und wie Du heute an Deinem Geburtstag darauf antworten sollst.

Geburtstag feiern

Wir *haben* nicht einfach Geburtstag – wir *feiern* diesen Tag. Natürlich hängt die Feier davon ab, welchen Geburtstag wir gerade feiern: einen ganz normalen oder einen runden Geburtstag. Und je älter wir werden, desto wichtiger werden die runden Geburtstage.

Doch es gibt Menschen, die ihren Geburtstag gar nicht feiern wollen. Sie gehen dem Geburtstag aus dem Weg. Das hat verschiedene Gründe. Manche Menschen wollen nicht gefeiert werden. Es ist ihnen peinlich, im Mittelpunkt zu stehen. Und sie haben Angst, dass da an ihrem Geburtstag zu viele Unwahrheiten gesagt werden, dass da etwas geheuchelt wird, was nicht stimmt.

Andere haben einfach Angst, Gefühle zu zeigen. Denn wenn mir jemand zum Geburtstag gratuliert oder wenn wir miteinander Geburtstag feiern, dann wird ja über mich und zu mir gesprochen. Und es werden Gefühle ausgedrückt, die sonst nicht ausgedrückt werden.

Bei wieder anderen Menschen hat man den Eindruck, dass die Weigerung, ihren Geburtstag zu feiern, damit zusammenhängt, dass sie sich selbst und ihr Leben nicht genügend würdigen. Sie meinen, es lohne sich nicht, Geburtstag zu feiern: »Geburtstag hat jede Kuh oder jeder Hund.« Hinter solchen Worten steckt ein Stück Selbstentwertung und Selbstablehnung. Ich würdige mich und mein Leben nicht.

Wieder andere Menschen gehen ihrem Geburtstag aus dem Weg, weil sie nicht daran erinnert werden, dass sie älter werden. Sie haben Probleme, ihr Alter zu akzeptieren.

Doch welcher Sinn liegt darin, wenn wir Geburtstag feiern? Jedes Fest hat ursprünglich eine religiöse Bedeutung. Man feiert das Fest, um Gott zu ehren und zu danken. Das Wort »Feier« kommt ursprünglich von »ferire«, das die Bedeutung hat: ein Opfer bringen, ein Opfertier schlachten. Man feiert im Fest das, was Gott an einem getan hat. Und das bringt man dadurch zum Ausdruck, dass man Gott etwas opfert. Jeder Geburtstag hat etwas vom religiösen Fest und von der religiösen Feier an sich. Wir opfern etwas. Wir laden zum Mahl ein. Dafür müssen wir etwas Geld und Zeit opfern, damit wir in aller Ruhe und Freude ein Mahl halten können.

Jedes Fest ist eine Zustimmung zum Leben. Der Sinn des Festes ist – so sagt der Theologe Wilhelm Zauner:

> *»Es bringt den Menschen zum Einverständnis mit sich selbst, vermittelt Lebenssinn und Lebensfreude.«*
>
> LexSpir 382

Wenn wir einen Geburtstag feiern, dann drücken wir aus, dass unser Leben einen Sinn hat. Und wir feiern unsere Freude über unser Leben. Wir sagen *Ja* zu unserem Leben. Man kann Geburtstag nur feiern, wenn man sich selbst und sein Leben akzeptiert.

Und zugleich fördert das Fest meine Bereitschaft, mein Leben dankbar anzunehmen und es voller Freude zu feiern.

Man feiert ein Fest nie allein, sondern immer in Gemeinschaft. So verstärkt das Fest das Miteinander, die Verbundenheit zu den Menschen, mit denen ich zusammenlebe, und mit meinen Freunden. Wir denken gemeinsam über mein Leben nach und über all die Beziehungen, die mir wichtig sind, die mich tragen.

So drückt jedes Fest – und gerade die Feier des Geburtstags – die Sehnsucht

> *»nach bleibender Gemeinschaft und Geborgenheit aus, die in dieser Welt nicht erfüllbar ist. Es hat also einen Transzendenzbezug«.*
>
> Wilhelm Zauner, LexSpir 382

Wir feiern etwas Weltliches: meinen Geburtstag. Aber zugleich spüren wir in dieser Feier, dass wir etwas feiern, was mich übersteigt. Wir feiern meine Geburt, die mir nicht nur die Eltern geschenkt haben, sondern auch Gott. Und wir erahnen in dieser Feier eine Gemeinschaft, die stärker ist als die sichtbare.

Wir drücken in der Feier meines Geburtstags aus, dass wir auf einer tieferen Ebene zusammengehören und dass diese Gemeinschaft auch durch den Tod nicht aufgehoben werden kann.

In jeder Feier des Geburtstags spüren wir den Aspekt der Gnade, der unser Leben prägt. Wir verdanken uns der Gnade Gottes. Wir danken Gott für die Gnade, dass wir diesen Geburtstag erleben dürfen und dass wir ihn mit diesen Menschen feiern dürfen, die uns etwas bedeuten.

Viele sind unzufrieden mit der Feier des Geburtstags. Es läuft immer gleich ab: Man gratuliert sich. Vielleicht gibt es die Lieblingstorte, vielleicht auch ein teures Essen in einem guten Lokal oder aber die üblichen Geburtstagsreden oder die oft nichtssagenden Glückwünsche.

Daher ist es gut, darüber nachzudenken, wie Du Deinen Geburtstag feiern möchtest. Es braucht manchmal Mut, meine persönlichen Wünsche zu äußern, wie ich meinen Geburtstag feiern möchte. Und es braucht Phantasie und Liebe, damit der Geburtstag wirklich ein Fest wird. Mir hat ein Mann erzählt: »Als ich meinen fünfzigsten Geburtstag feiern sollte, habe ich mir überlegt, was ich mache. Da kam mir die Idee: Ich lade meine Nachbarn ein. Da gibt es viele Ausländer unter meinen Nachbarn. Ich habe sie eingeladen, und wir haben ein fröhliches Fest gefeiert. Das war viel schöner als ein steifes Essen in einem Lokal. Es haben sich Beziehungen und Freundschaften ergeben, die heute noch Bestand haben. Es war ein neues Gefühl von Zusammengehörigkeit, von Offenheit, von Herzlichkeit. Das hat allen gutgetan, und die Atmosphäre in meiner Nachbarschaft auch nach meinem Geburtstag nachhaltig geprägt.«

Ein negatives Beispiel hat man mir auch berichtet: Als eine Familie den 75. Geburtstag ihrer Mutter feierte, gingen sie in ein Lokal zum Essen. Aber es gab kein Ritual, die Mutter zu würdigen. Das einzige Ritual war, dass man mit einem Sektglas angestoßen hat. Aber auch dabei sagte niemand ein Wort des Dankes an die Mutter oder drückte die guten Wünsche der Familie aus. Man aß ausgiebig und trank miteinander. Und als einige etwas zu viel getrunken hatten, gab es Streit, und alles endete in einer negativen Stimmung.

Geburtstage brauchen gute Rituale, um sie angemessen feiern zu können. Wenn eine Familie keine guten Rituale für den Geburtstag hat, dann ist das oft Ausdruck der inneren Leere oder Hohlheit dieser Familie oder aber ein Zeichen, wie zerstritten sie ist, wie unfähig sie ist, den Einzelnen mit seiner Lebensgeschichte und mit seiner einmaligen Person zu würdigen.

Wir haben in unserer Familie immer den Geburtstag unserer Mutter gefeiert. Je älter sie wurde, desto wichtiger war uns der Geburtstag. Mein Vater war schon gestorben, als meine Mutter 61 Jahre alt war. So haben wir ihre Geburtstage noch lange, bis zum 90. Geburtstag, gefeiert. Meine sechs Geschwister haben immer leckere Kuchen gebacken und für das Abendessen ein reiches Buffet zusammengestellt. Zu mir sagten sie, ich solle eine Ansprache halten, das passe zu mir als Priester. Das habe ich jedes Jahr getan. Aber dann spürte ich, dass ich unzufrieden war. Denn ich konnte ja nicht immer etwas total Neues sagen. Ich spürte, wie die Reden immer ähnlicher wurden. So habe ich mir vor jedem Geburtstag ein Ritual ausgedacht. Das hat den Geburtstagen immer einen besonderen Charakter gegeben, sodass alle danach immer sagten: »Das war heute ein schönes Fest.«

Wenn ich sagen kann: »Das war ein schönes Fest«, dann drücke ich aus, dass dieses Fest mich nährt, dass es uns innerlich verbunden hat, dass wir wieder ein Jahr davon leben können.

In einem Jahr habe ich zum Beispiel meine Geschwister eingeladen, jeder solle ein paar Sätze dazu sagen: Was habe ich von meiner Mutter gelernt? Die Enkelkinder meiner Mutter hörten gespannt und neugierig zu, als ihre Eltern von der Oma erzählten. Und der Mutter hat es gutgetan.

Einmal sangen wir gemeinsam ein Lied: »Du bist gesegnet, ein Segen bist Du.« Und dazu habe ich meine Geschwister eingeladen, meiner Mutter still die Hände auf den Kopf zu legen und dann liebevoll an Schultern und Armen entlang zu streicheln. Da entstand eine Atmosphäre von Intimität und Nähe, die durch Worte allein nicht entstehen kann.

In einem anderen Jahr lud ich meine Geschwister ein, der Mutter ein Kreuz in die Hand zu zeichnen und dazu einen Wunsch oder einen Segen zu sagen.

In Ritualen werden Gefühle ausgedrückt, die sonst nie ausgedrückt werden. Und es entsteht eine tiefere Verbundenheit als durch Worte. Es entsteht eine Familienidentität: Wir gehören zusammen. Unsere Verbundenheit ist tiefer als eine emotionale Verbindung. Sie gründet letztlich in Gott, der uns zusammengeführt hat. Und im Ritual wird das Geburtstagskind auf eine Weise angesprochen und angerührt, die sonst in unserem Leben selten ist.

Als ich in einem Vortrag einmal über diese Rituale beim Geburtstag meiner Mutter erzählte, meinte eine Frau: »Ich würde ja auch gerne ein Ritual feiern beim Geburtstag meiner Mutter. Aber ich weiß genau, dass mein Bruder das alles lächerlich machen wird.« Natürlich lösen Rituale nicht alle Familienkonflikte. Und nicht jedes Ritual wird für jede Familie passen. Aber es braucht durchaus Mut, ein Ritual einzuführen. Wir müssen eine Hemmschwelle überwinden. Ich habe dieser Frau geraten: »Überlegen Sie, welches Ritual Sie gerne beim Geburtstag Ihrer Mutter gestalten möchten. Spüren Sie in sich hinein, ob die anderen das mitmachen könnten und ob die Mutter sich freuen würde. Und dann laden Sie die Gäste einfach ein, dieses Ritual zu machen. Wenn Ihr Bruder nicht mitmachen möchte, ist es sein Problem. Er schließt sich dann selbst aus der Gemeinschaft aus. Auf keinen Fall dürfen Sie ihm die Macht geben, Ihr Ritual lächerlich zu machen. Wenn er das tut, dürfen Sie sich nicht davon behindern lassen. Ich würde ihn dann zurechtweisen: Du brauchst das Ritual nicht mitzumachen. Aber ich bitte Dich, zu respektieren, wie wir den Geburtstag der Mutter gestalten wollen.«

Die Rituale, mit denen wir unseren Geburtstag feiern, werden normalerweise von den Gästen vorgeschlagen. Aber ich kann auch selbst meinem Geburtstag seine eigene Prägung geben. Ich kann entscheiden, wie ich meinen Geburtstag feiern möchte, ob in einer teuren Gastwirtschaft oder daheim als Grillparty oder Stehimbiss, ob als Feier im kleinen Familienkreis oder eben als offene Gemeinschaft, zu der auch die Nachbarn eingeladen sind.

Und ich kann auch selbst entscheiden, ob ich meinen Geburtstag – vor allem dann, wenn es ein runder Geburtstag ist – mit einem religiösen Ritual verbinden möchte, mit einer Eucharistiefeier oder mit einer Dankandacht oder einem Segensritual. Ich kann mich überraschen lassen von dem, was meine Familie oder meine Freude für meinen Geburtstag beitragen. Ich kann aber auch selbst die Initiative ergreifen und den Rahmen meiner Geburtstagsfeiern vorgeben, so wie es meinem Geschmack entspricht. Damit drücke ich auch etwas von der Einmaligkeit meiner Person aus. Und ich vermittle den Gästen etwas von dem, was mir am Herzen liegt.

Wünsche zum Geburtstag

Wir gratulieren einander zum Geburtstag. Gratulieren hängt mit dem lateinischen Wort »gratia«, das heißt »Gunst, Anmut, Dank« zusammen. Indem wir dem Geburtstagskind gratulieren, drücken wir aus, dass es eine Gnade Gottes ist, dass dieser Mensch lebt, dass Gott uns etwas von seiner Anmut in diesem Menschen aufscheinen lässt.

Und gratulieren heißt: seine Glückwünsche darbringen. Wir verbinden unsere Gratulation mit guten Wünschen. Doch was sollen wir einem wünschen, der Geburtstag hat? Oft sind diese Wünsche sehr allgemein. Wir wünschen dem Geburtstagskind alles Gute. Aber oft denken wir gar nicht darüber nach, was wir damit meinen. Wenn wir ihm alles Gute wünschen, dann wünschen wir ihm letztlich, dass sein Leben gut verläuft, dass er sich gut fühlt, dass er Gutes im neuen Jahr empfangen wird.

Oder wir wünschen ihm Gottes Segen. Wir wünschen ihm, dass das neue Jahr gesegnet sein wird, unter dem Segen Gottes steht. Und wir wünschen ihm, dass er selbst zum Segen wird für andere.

Oft hören wir folgenden Wunsch: »Ich wünsche Dir alles Gute, vor allem Gesundheit. Das ist das Wichtigste.« Ist Gesundheit wirklich das Wichtigste? Gerade wenn alte Menschen, die selbst nicht mehr gesund sind, dem anderen vor allem Gesundheit wünschen, kommt uns dieser Wunsch etwas eigenartig vor. Natürlich dürfen wir uns freuen, wenn wir gesund sind. So ein Wunsch, dass wir vor allem gesund sein sollen, kann ein Verlegenheitswunsch sein, weil einem nichts anderes einfällt. Aber es kann durchaus auch ernstgemeint sein, gerade wenn Menschen ihn aussprechen, die mit ihrer Gesundheit kämpfen und selbst hoffen, dass sie gesund bleiben. Wenn mir jemand vor allem Gesundheit wünscht, dann frage ich mich, was Gesundheit wirklich bedeutet. Auf keinen Fall darf der Wunsch nach Gesundheit nur darauf zielen, dass wir ständig um unsere Gesundheit kreisen. Dann hätte der Wunsch ein egozentrisches Beschäftigen mit mir und meinem Leib zum Ziel.

Das deutsche Wort »wünschen« kommt eigentlich von »gewinnen«. Das Bild, das hinter diesem Wort steckt, meint ursprünglich: umherziehen, nach etwas suchen, vor allem nach Nahrung suchen. Daraus entwickelt sich dann die Bedeutung: wünschen, verlangen, begehren, gernhaben, lieben.

Letztlich wünschen wir dem anderen, dass er das sucht, was ihn wahrhaft nährt, was er zum Leben braucht, was nicht nur seinen Leib, sondern auch seine Seele nährt. Und wir sprechen im Wunsch seine Sehnsucht an, dass sein

Leben gelingt, dass er auf der Gewinnerseite ist, dass ihm sein Leben glückt, seine Partnerschaft, seine Freundschaft, die Erziehung seiner Kinder, der Beruf, sein persönlicher Weg. Und wir drücken – so sagt es uns die deutsche Sprache – in unseren Wünschen unsere Liebe aus. Ich kann nur dem etwas wünschen, den ich gernhabe.

Die Märchen erzählen uns von vielen Wünschen, die die Menschen haben, von Wünschen, die in Erfüllung gehen und dem Menschen Segen bringen, aber auch von Wünschen, die ihm zum Fluch werden. Einmal gibt es da Menschen, die sich zu viel wünschen. Im Märchen »Vom Fischer und seiner Frau« wünscht sich die Frau immer mehr. Sie drängt ihrem Mann immer größere Wünsche auf. Der Mann hatte einen Fisch gefangen, in dem sich ein verwünschter Prinz verbirgt. Er hatte ihn wieder freigelassen. Da hat ihn der Fisch ermutigt, etwas zu wünschen, er würde es ihm erfüllen. Der Mann erzählt das seiner Frau. Und die wird immer maßloser in ihren Bitten. Zunächst wünscht sie sich, dass sie statt des alten Topfes, in dem sie wohnen, eine kleine Hütte haben. Sofort wird der Wunsch erfüllt. Doch dann will sie in einem steinernen Schloss wohnen. Dann will sie König werden, danach Kaiser und schließlich Papst. All diese Wünsche erfüllt ihr der Prinz. Doch auch damit ist sie nicht zufrieden. Schließlich will sie der liebe Gott werden. Dieser maßlose Wunsch führt schließlich dazu, dass die Frau und ihr Mann wieder in ihrem alten engen Topf wohnen.

Übertriebene Wünsche führen zu nichts. Daher – so sagen die Märchen – ist es eine Kunst, sich das Richtige zu wünschen und in seinen Wünschen nicht maßlos zu werden. Es geht also nicht darum, immer mehr zu wünschen, sondern das zu wünschen, was mich wahrhaft nährt, was meine tiefste Sehnsucht erfüllt. Und je älter wir werden, desto weniger Sehnsucht nach Geld und Reichtum haben wir. Wir sehnen uns, dass wir innerlich im Einklang sind.

Höre genau hin, was Dir die Menschen zu Deinem Geburtstag wünschen. Und wenn Du Briefe zu Deinem Geburtstag bekommst, mach Dir mal die Mühe und schreibe Dir alle Wünsche auf, die man dir geschrieben hat. Sind es immer die gleichen Wünsche? Hast Du das Gefühl, dass sich die Gratulanten hinter leeren Floskeln verstecken oder dass sie halt das wünschen, was heute so üblich ist? Oder wirst Du von manchen Wünschen angesprochen? Spürst Du, dass dieser Wunsch auch Deinem tiefsten Wunsch entspricht?

Was wünsche ich mir selbst?

Die Wünsche, die man Dir zu Deinem Geburtstag ausspricht, laden Dich ein, selbst nachzudenken: Was wünsche ich mir selbst zu meinem Geburtstag? Was brauche ich? Wonach sehne ich mich? Wonach verlangt mich? Wo ist mein Leben nicht so rund? Bin ich schon dort angelangt, wo ich das finde, was mich wahrhaft nährt? Oder bin ich noch auf der Suche? Bin ich im Einklang mit mir selbst?

Wenn ich selbst darüber nachdenke, was ich mir zum Geburtstag wünsche, dann würde ich mir folgende Wünsche aufschreiben: Ich wünsche mir, dass ich immer authentischer werde, dass ich das einmalige Bild, das Gott sich von mir gemacht hat, immer klarer in dieser Welt aufstrahlen lasse. Ich wünsche mir, dass ich in Einklang komme mit mir selbst, dass ich mich so annehmen kann, wie ich bin. Und dass ich meine Lebenssituation, in der ich jetzt stehe, akzeptiere.

Und ich wünsche mir die Hoffnung, dass Gott mich immer mehr verwandelt in die einmalige Gestalt, die er in mir formen wollte. Ich wünsche mir, dass ich meinen Auftrag in dieser Welt immer klarer erkenne und dass ich ihm gerecht werde. Ich wünsche mir, dass ich durchlässig werde für den Geist Jesu Christi, dass etwas von seiner Barmherzigkeit und Milde auch in mir erfahrbar wird. Und ich wünsche mir, dass ich beim Schreiben immer mehr die Worte finde, die das Geheimnis des Seins aufschließen, die eine Tür öffnen zu dem, was unsere tiefste Sehnsucht erfüllt.

Jeder wird für sich andere Wünsche formulieren. Doch es ist eine gute Übung, entweder vor allen Wünschen, die ich an meinem Geburtstag hören werde, oder aber im Anschluss an die empfangenen Wünsche mir Gedanken darüber zu machen, was ich mir selbst wünsche.

Dieses Nachdenken ist nicht nur eine äußere Übung. Bei dem Versuch, meine eigenen Wünsche aufzuschreiben, werde ich zum Wesen meiner Person vordringen. Wer bin ich eigentlich und wer möchte ich sein? Wohin möchte ich mich entfalten? Was macht meine Identität aus?

Mein Geburtstag ist eine Einladung, mir Gedanken darüber zu machen, was der Sinn und das Ziel meines Lebens sind, was das Geheimnis meiner Person ist und wo ich mich weiterhin auf die Suche nach dem wahren Leben machen möchte. Wünschen heißt ja: sich auf die Suche machen nach dem, was mich wahrhaft nährt, nach dem, was ich erjagen möchte. Ich bin nicht auf der Jagd nach Besitz und Reichtum, auch nicht auf der Jagd nach Glück, sondern auf der Jagd nach dem, was wahrhaft erjagenswert ist.

Paulus hat das Bild der Jagd für seinen Weg gebraucht. Er schreibt im Philipperbrief:

»Nicht, dass ich es schon erreicht hätte oder dass ich schon vollendet wäre. Aber ich strebe danach, es zu ergreifen, weil auch ich von Christus Jesus ergriffen worden bin.
Brüder, ich bilde mir nicht ein, dass ich es schon ergriffen hätte. Eines aber tue ich gewiss:
Ich vergesse, was hinter mir liegt, und strecke mich nach dem aus, was vor mir ist.
Das Ziel vor Augen, jage ich nach dem Siegespreis: der himmlischen Berufung, die Gott uns in Christus Jesus schenkt.«

Philipper 3,12–14

Wenn ich diesen Text meditiere, so komme ich mit den Wünschen in Berührung, die mich wirklich bewegen. Das »Es«, von dem Paulus spricht, ist für mich das Eigentliche, das wahre Sein, das Geheimnis hinter allem

Sichtbaren. Letztlich ist es Gott als der Abgrund allen Seins.

Hinter diesen Worten steht auf der einen Seite das Bild des Wettläufers. Unser Leben ist ein Wettlauf. Wir laufen, um den Siegespreis zu erhalten. Wir laufen, in der Hoffnung, dass unser Leben gelingt. Das andere Bild ist das der Jagd. Wir sind auf der Jagd nach dem, was unsere tiefste Sehnsucht erfüllt.

Die frühen Mönche kennen das Bild von der Hasenjagd. Wer den Geschmack Jesu Christi in der Nase hat, der läuft wie ein Hund, der den Geschmack des Hasen in seiner Nase hat. Er läuft auch durch Dornen und Gestrüpp und achtet nicht auf das, was ihn verletzt. Er läuft weiter, bis er den Hasen geschnappt hat. Andere Hunde laufen dem jagenden Hund nach. Aber sobald es Hindernisse auf dem Weg gibt, kehren sie um.

Das ist ein Wunsch für mich, dass ich mein Leben lang dem Geschmack der Sehnsucht, den ich in mir habe, nachgehe und nach dem jage, das meine Sehnsucht zutiefst erfüllt.

Für mich ist aber aus dieser Stelle noch ein anderer Satz wichtig geworden: »Ich vergesse, was hinter mir liegt. Und ich strecke mich aus nach dem, was vor mir liegt.« Ich habe diesen Satz manchmal den Kursteilnehmern angeboten, um mit ihm ihr Ritual des Begrabens und Loslassens auszudrücken. Die Kursteilnehmer sollten alles aufschreiben, was sie als Ballast mit sich herumschleppen. Das können alte Verletzungen sein. Das können Schuldgefühle sein, mit denen sie sich zerfleischen, Selbstvorwürfe, mit denen sie immer um alte Fehler kreisen. Das können manchmal auch Beziehungen sein, die nicht mehr stimmen, die man nur aus Pflichtbewusstsein aufrechterhält.

Alles, was uns belastet, sollen wir wie Paulus vergessen und begraben. Ich habe die Teilnehmer eingeladen, die Zettel mit allem, was sie aufgeschrieben haben, zusammenzuknüllen und dann mit den Worten des hl. Paulus in eine Schale zu werfen. Danach haben wir dann die Zettel alle gemeinsam verbrannt.

Bei vielen haben die Worte des Apostels eine tiefe Erschütterung hervorgerufen. Sie haben gespürt, dass es nicht so einfach ist, Altes loszulassen und sich auszustrecken nach dem, was vor ihnen liegt, nach dem, was Gott ihnen jetzt zutraut. Zugleich haben sie es als befreiend erfahren, Altes zu begraben, damit sie weiterlaufen können auf ihrem Weg, der sie zum Ziel führt.

Vielleicht kannst Du an Deinem Geburtstag ein ähnliches Ritual machen: aufschreiben, was dich belastet, was Dich von Deinem Lauf, von Deiner Jagd nach dem Eigentlichen, abhält, und es dann verbrennen oder vergraben, damit Du frei bist, nach dem zu streben, das zu wünschen, was Dich wahrhaft nährt und was Deiner tiefsten Sehnsucht entspricht.

Die Geburtstage meines Lebens – Zahlen

Du feierst in jedem Jahr einen anderen Geburtstag. Du hast Deinen 10. und 18. Geburtstag längst hinter Dir, vielleicht auch Deinen 20. und 30. oder auch schon den 40. oder 50. Geburtstag. Jeder Geburtstag hat seine eigene Bedeutung. Da ist einmal die Bedeutung des jeweiligen Alters, dann aber auch die Bedeutung der Zahlen.

Ich möchte ein paar Zahlen meditieren, wie weit sie dem jeweiligen Geburtstag ihre besondere Prägung geben. Die 10 ist die Zahl der Ganzheit. Wenn Dein Kind 10 Jahre alt wird, dann kannst Du ihm wünschen, dass es seine Ganzheit findet, dass es ganz es selbst wird, seine eigene Gestalt findet. Wenn es 12 Jahre alt wird, kannst Du ihm wünschen, dass es gemeinschaftsfähig ist. Israel hat 12 Stämme, und Jesus hat 12 Apostel gewählt. Das Kind ist jetzt wertvolles Mitglied der Gemeinschaft. In manchen Kulturen wird man mit 12 schon erwachsen. 14 ist die helfende Zahl. Es gibt 14 helfende und heilende Götter in Babylon und in der christlichen Tradition gibt es 14 Nothelfer. So kannst Du Deinem Kind wünschen, dass es in der Pubertät mit helfenden und heilenden Kräften in der eigenen Seele in Berührung kommt und dass es genügend helfende Menschen begleiten.

Der 18. Geburtstag ist Anlass, das Erwachsensein des Sohnes oder der Tochter zu feiern. In der Bibel hat 18 die Bedeutung der Heilung und Befreiung. Die gekrümmte Frau wird nach 18 Jahren von ihrer inneren Fessel befreit und aufgerichtet. So kannst Du Deinem Sohn oder Deiner Tochter wünschen, dass sie aufrecht und in innerer Freiheit durch das Leben gehen.

Der 20. Tag ist in den Märchen oft ein besonderer Tag, der eine Wende herbeiführt. Odysseus kehrt nach 20 Jahren in seine Heimat zurück. 20 ist die Zahl der Reifung. Wir wünschen dem 20-Jährigen, dass er wie Odysseus zu sich selbst zurückkehrt, gereift und ganz er selbst geworden.

Früher wurde man mit 21 Jahren erwachsen. Die 21 hat ihre Bedeutung vom Siebener-Rhythmus. Drei mal die Sieben ergibt 21. Jetzt ist die Jugend vollendet, und der Mensch ist jetzt verlässlich geworden. Ich möchte jetzt nicht alle Zahlen durchgehen, sondern nur noch auf die runden Zahlen eingehen. Für die Meditation der anderen Zahlen empfehle ich das Buch von Otto Betz: *Das Geheimnis der Zahlen*.

Manche tun sich schwer, ihren 30. Geburtstag zu feiern. Er gilt als endgültiger Abschied vom Jungsein. Jesus und Mose sind mit 30 Jahren öffentlich aufgetreten. Mit 30 Jahren übernehme ich in der Gesellschaft Verantwortung. Und mit 30 Jahren habe ich genügend Kraft, nicht nur mein eigenes Leben in die Hand zu nehmen, sondern auch im Beruf und in der Familie etwas anzupacken und zu gestalten.

Die Zahl 40 hat in der Bibel, aber auch in der Psychologie eine besondere Bedeutung. Die Israeliten sind 40 Jahre durch die Wüste gezogen. 40 Tage lang war Mose auf dem Berg und hat gefastet. Auch Jesus hat sich 40 Tage in die Wüste zurückgezogen. Mit 40 beginnt etwas Neues. Für den deutschen Mystiker wandelt sich um die 40 das spirituelle Leben des Menschen. Die Begeisterung – so sagt er – weicht der wirklichen Gotteserfahrung.

Die Psychologie verbindet die 40 mit der Krise der Lebensmitte. Da stellen wir uns die Frage: War das alles, was wir bisher gelebt haben? Oder meldet sich jetzt etwas anderes zu Wort? Am 40. Geburtstag beginnt eine innere Wende. Wir sollen nicht mehr alles im Außen suchen, sondern den Weg nach innen suchen.

Die 50 ist eine heilige Zahl. Am 50. Tag ist Pfingsten (Pentekoste = 50). Die Israeliten feierten jeweils im 50. Jahr das sogenannte Jubeljahr, indem die Schulden erlassen werden, die Sklaven ihre Freiheit erhalten und man von der Arbeit ausruht. Augustinus verbindet Pfingsten mit dem Geheimnis der Auferstehung und mit dem Jubeljahr der Juden:

»Diese fünfzig Tage nach der Auferstehung des Herrn werden nicht mehr als Sinnbild der Mühseligkeit, sondern als Sinnbild der Ruhe und Freude begangen.«

Betz 152

Die Römer brauchten ab dem 50. Lebensjahr keine Kriegsdienste mehr zu leisten. Ab dem 50. Geburtstag müssen wir nicht mehr kämpfen. Wir sollen alles, was schiefgelaufen ist in unserem Leben, alle Schuldgefühle und Selbstvorwürfe loslassen und dort, wo wir abhängig sind, versklavt sind, Freiheit erfahren. Für Tauler wird der Mensch erst mit 50 Jahren wahrhaft ein Mensch des Geistes.

Die 60 war in Babylon eine wichtige Zähleinheit. Wir zählen heute noch die Stunde in 60 Minuten und die Minute in 60 Sekunden. Sechs ist auch die Zahl der Arbeit. Mit 60 Jahren bekommt die Arbeit eine andere Qualität. Mit 60 Jahren galt man früher als Greis. Heute hat die 60 eine andere Bedeutung. Zum 60. Geburtstag können wir dem Mann oder der Frau wünschen, dass sie sich aussöhnen mit dem Älterwerden und sich nicht mehr durch Leistung beweisen müssen. Die Arbeit fließt aus einer inneren Quelle, aber nicht mehr aus dem Druck, immer noch mehr zu leisten.

In unserer Zeit hat man vor allem den 65. Geburtstag besonders gefeiert. Denn mit 65 Jahren ist man normalerweise in Rente gegangen. Wir feiern an diesem Geburtstag die Lebensleistung eines Menschen, ganz gleich, ob er weiterarbeitet oder nicht. Und zugleich feiern wir den Übergang von der Sechs zur Fünf, von der Arbeit zum Wesen des Menschen. Denn wir sprechen von der Quintessenz. Die Fünf macht das Eigentliche des Menschen aus. Wir wünschen einem Menschen mit 65 Jahren, dass sich in ihm die Akzente verschieben: Nicht mehr das Haben, sondern das Sein, nicht mehr die Leistung, sondern der innere Reichtum der Seele stehen im Mittelpunkt.

Im Psalm 90 heißt es:

»Siebzig Jahre währt die Zeit unsres Lebens, sind wir bei Kräften, werden es achtzig. Ihr Bestes aber ist nur Mühsal und Beschwer, rasch geht es vorbei – wir fliegen dahin.«

Psalm 90,10

Diese Erfahrung ist 3000 Jahre alt. Heute werden die Menschen älter. So sehe ich in der 70 eine andere Bedeutung. 70 ist die Zahl der Verwandlung. Sieben mal zehn bedeutet: alles, was in uns ist, möge immer mehr verwandelt werden, sodass alles von Gottes Geist durchdrungen wird. Verwandlung hat immer zum Ziel, dass das Eigentliche in uns zum Vorschein kommt, dass wir in das Bild hinein verwandelt werden, das unserem Wesen entspricht. Jesus hat 70 Jünger ausgesandt, dass sie in alle Städte die frohe Botschaft bringen. Man dachte damals, es würde 70 Völker geben. So wünschen wir uns am 70. Geburtstag, dass wir so klar geworden sind, dass durch uns hindurch etwas vom Geist Jesu ausstrahlt und zu allen Menschen scheint, denen wir begegnen. Und wir wünschen uns, dass wir etwas von der ganzen Welt in uns verkörpern, dass die Weisheit der ganzen Welt uns erfüllt.

Der 75. Geburtstag wird bei uns auch als runder Geburtstag gefeiert. Wir haben das Gefühl, dass mit diesem Geburtstag etwas

Neues beginnt. Das Alter ist nun nicht mehr zu verleugnen. In der Zahl 75 stecken die Sieben als Zahl der Verwandlung und die Fünf als Zahl für den Menschen. Vier steht für die vier Elemente, Fünf ist die Zahl des Überstiegs zum Göttlichen hin. Fünf ist auch die Zahl der Venus. Dem 75-Jährigen wünschen wir, dass von ihm etwas von der Liebe durchstrahlt, die von Gott kommt und die eine andere Qualität hat als das Verliebtsein.

Am 80. Geburtstag denken wir vor allem an die Zahl Acht. Sie steht für die Transzendenz, für die Unendlichkeit. Der achte Tag ist der Tag der Auferstehung, der keinen Abend kennt. Buddha hat einen achtfachen Pfad zum gelingenden Leben aufgestellt, und Jesus hat darauf geantwortet mit den acht Seligpreisungen, die einen Weg zum gelingenden Leben aufzeigen. Am 80. Geburtstag wünschen wir dem Geburtstagskind, dass etwas von der Weisheit Jesu in ihm aufstrahlt und dass er offen wird für die Transzendenz, für das Geheimnis, das ihn übersteigt.

Der 81. Geburtstag spielt bei uns keine besondere Rolle. Doch sowohl in der römischen als auch in der chinesischen Philosophie ist es ein wichtiger Tag. Plato soll an seinem 81. Geburtstag gestorben sein. Für die Griechen war die Neun mal neun ein Bild für die Vollkommenheit, die Plato erreicht hat. Von Laotse, dem chinesischen Weisen, wird erzählt, dass er nach einer Schwangerschaft von neun mal neun Jahren geboren wurde. Daher war er schon als Kind ein Weiser. Wir wünschen also am 81. Geburtstag dem Feiernden Reichtum an Weisheit und Einsicht.

Das 90. Lebensjahr erreichten früher ganz wenige Menschen. Heute werden es mehr und mehr. Als meine Mutter 90 Jahre alt geworden ist, war es mir wichtig, darüber nachzudenken. 90 hat etwas vom Geheimnis der Neun und der Zehn an sich. Da war es für mich weniger ein Wunsch, den ich ausgesprochen habe, sondern ich habe meiner Mutter gesagt, was ich sehe: eine Frau, die im Laufe ihres langen Lebens ganz sie selbst geworden ist, in der alle Bereiche ihres Lebens durchdrungen worden sind vom Geist Gottes und die daher etwas ausstrahlt von einer Weisheit, die sich nicht mehr beweisen muss, sondern die in aller Gelassenheit aus ihrem Gesicht hervorleuchtet.

Die Zahlen der Geburtstage sind auch für mich selbst eine Einladung, an jedem einzelnen meiner Geburtstage nachzudenken über das Geheimnis der Zahlen. Wenn ich die Zahlen bedenke, dann werde ich auch spüren, was ich mir im Letzten gerade an diesem Geburtstag wünsche.

Und die Zahlen weisen mich darauf hin, was in mir schon geworden ist. Denn etwas von dem, was die Zahl meines Geburtstags ausdrückt, ist schon in mir verwirklicht. Ich muss es durch die Brille der Zahlen nur erkennen und dankbar anerkennen.

Wenn wir über die Zahlen nachdenken, so könnten wir auch die Zahlen unseres Geburtstages meditieren. Dabei geht es mir nicht darum, den Geburtstag mit astrologischen Einsichten zu bedenken, sondern nur ganz schlicht die Zahlen anzuschauen. Ich bin zum Beispiel am 14.1.1945 geboren. 14 ist die helfende und heilende Zahl. Darin sehe ich meine Berufung, den Menschen in ihren Nöten zu helfen und eine heilende Spiritualität zu verkünden. Die Eins steht für die Sehnsucht nach Einheit. Diese Sehnsucht prägt mich von meiner Kindheit an. Ich möchte eins werden mit mir selbst, aber auch eins werden mit Gott. Ich möchte all-eins sein, mit allem eins werden. In der Stille und im Alleinsein ahne ich manchmal, was es bedeutet, sich in der

Tiefe meiner Seele mit allen Menschen und mit der ganzen Schöpfung eins zu fühlen. Die Zahl 45 ist für mich geprägt von der Spannung zwischen Vier und Fünf, zwischen der Zahl des Irdischen – vier Elemente – und der Zahl des Überschritts ins Göttliche. Als Benediktiner ist es mir ein Anliegen, eine geerdete Spiritualität zu entwickeln. Der Geist Gottes soll sichtbar werden im Irdischen, in der Arbeit. Er soll in meinem Leib aufleuchten und in der Art und Weise, wie ich lebe.

So könnte jeder versuchen, die Zahlen seines Geburtsdatums für sich zu meditieren. Man muss das nicht – und man sollte nicht zu viel in die Zahlen hineinlegen. Aber die Zahlen sind immerhin eine Möglichkeit, mein eigenes Wesen auch durch diese Brille hindurch zu entdecken. Für die Alten waren die Zahlen nie zufällig. Und auch das Geburtsdatum war nicht zufällig. Gott will mir auch dadurch etwas sagen.

Aber es geht am Geburtstag nicht nur darum, über die Zahlen nachzudenken. Die Zahlen weisen mich vielmehr hin auf mein jetziges Alter. Und so ist es auch sinnvoll, über mein Alter nachzudenken: Wie fühle ich mich jetzt in diesem Alter?

Mir geht es so: Als Kind kam mir ein 60-jähriger Mann alt vor. Doch als ich 60 Jahre alt geworden bin, fühlte ich mich gar nicht so alt. Wir verbinden mit dem Alter Erfahrungen, die wir in der Kindheit mit alten Menschen gemacht haben. Entscheidend ist jedoch, wie wir uns heute fühlen. Jeder Geburtstag ist eine Einladung, Ja zu sagen zu meinem Älterwerden und gerne jetzt dieses Alter zu leben, in dem ich bin.

Die Taufe – Geburt aus Gott

Du bist nicht nur geboren worden. Du bist auch getauft worden. Du wirst an Deine Geburt nicht denken, ohne auch an Deine zweite Geburt zu denken, an Deine Taufe, die auch Geburt aus Gott genannt wird. Die Taufe zeigt Dir in Symbolen, was das Geheimnis Deiner Geburt ist. Du bist nicht nur das Kind Deiner Eltern, sondern auch das Kind Gottes.

Die Riten der Taufe beschreiben Dir das Geheimnis Deines Menschseins. Du bist mit Wasser übergossen worden. Das heißt: Du wirst nie vertrocknen oder erstarren. In Dir ist eine Quelle, die nie versiegt. Sie ist die Quelle des Heiligen Geistes. Und das Wasser reinigt, es wäscht Dich rein von allen Trübungen. Trübungen, das sind die Bilder, die Dir Dein Vater oder Deine Mutter übergestülpt haben. Sie haben ihre Wünsche in Dich hineinprojiziert. Diese Wünsche waren gut gemeint. Aber sie haben Dein ursprüngliches und unverfälschtes Bild getrübt und verdunkelt. Die Taufe erinnert Dich immer wieder an Dein ursprüngliches Bild Gottes in Dir.

Auch Du hast Dein eigenes Bild oft selbst getrübt, indem Du entweder Bilder Deiner Selbstentwertung Dir übergestülpt hast. Solche Bilder der Selbstentwertung sind: Ich bin nicht richtig. Mit mir kann es niemand aushalten. Ich bin unmöglich. Oder Du hast Dein Bild getrübt durch Bilder der Selbstüberschätzung: Ich muss immer perfekt sein, gut drauf sein, erfolgreich sein, alles im Griff haben. Die Taufe erinnert Dich immer wieder an Dein ursprüngliches Bild in Dir.

Du hast in der Taufe das Wort gehört: »Du bist mein geliebter Sohn, Du bist meine geliebte Tochter. An Dir habe ich mein Wohlgefallen.« Es ist gut, wenn Du Dir dieses Wort immer wieder vorsagst. Denn vielleicht hast Du andere Worte gehört. Du hast Worte gehört, die zum Beispiel die Liebe der Eltern an Bedingungen knüpfen: Du darfst sein, wenn Du brav bist, wenn Du etwas leistest, wenn Du erfolgreich bist, wenn Du pflegeleicht bist. Das führt dazu – so sagt der Jesuit Frielingsdorf –, dass Du Strategien des Überlebens entwickelst. Du strengst Dich an und definierst Dich nur von Deiner Leistung. Oder Du passt Dich an, nur damit Du überall beliebt bist. Doch das ist kein wirkliches Leben, sondern nur ein Überleben.

An Deinem Geburtstag sollst Du Dich an diese Zusage Gottes erinnern, die Dir die Gewissheit gibt: Ich bin bedingungslos angenommen. Ich darf so sein, wie ich bin. Ich muss mich nicht beweisen. Die bedingungslose Daseinsberechtigung, die Du in der Taufe erfahren hast, ist die Bedingung, dass Du nicht nur überlebst, sondern wirklich lebst.

In der Taufe bist Du gesalbt worden zum König oder zur Königin, zum Priester oder zur

Priesterin, zum Propheten oder zur Prophetin. Auch dieser Ritus zeigt Dein wahres Wesen. Du bist König oder Königin. Du herrschst über Dich selbst und wirst nicht von Deinen eigenen Bedürfnissen beherrscht. Du bist auch nicht abhängig von Menschen, die Dich bestimmen.

Du bist Priester und Priesterin. Priester sind die Hüter und Hüterinnen des Heiligen. In Dir ist ein heiliger Raum, den Du schützt. Und Du hast die Aufgabe, das Heilige in den Menschen zu schützen, denen du begegnest. Das Heilige ist das, was der Welt entzogen ist, was nicht von weltlichen Maßstäben bewertet wird, was frei ist, heil und ganz.

Und Du bist Prophet oder Prophetin. Du drückst etwas von Gott aus, was nur durch Dich ausgedrückt werden kann. In Dir spricht Gott sich selbst auf einmalige Weise in dieser Welt aus.

Du wurdest in der Taufe mit einem weißen Gewand bekleidet. Das ist einmal ein Bild, dass Du Christus angezogen hast, dass Du mit ihm zusammengewachsen bist. Aber es ist auch ein Bild für die Schönheit, die Du in Dir hast. Weiß steht für das Strahlende und Schöne. Die Taufe erinnert Dich daran, dass Du in Dir selbst schön bist. Schönheit hängt nicht von äußeren Maßstäben ab. Wer sich selbst liebevoll anschaut, der ist schön. Du bist in Deiner Einmaligkeit schön. In Dir strahlt etwas von Gottes Schönheit auf. Die Erinnerung daran befreit Dich von dem ständigen Dich Bewerten, dass Du den Schönheitsidealen heutiger Mode nicht entsprichst. Der Gedanke, dass das schöne Kleid, das Du trägst, Dich mit Deiner inneren Schönheit in Berührung bringt, gibt Deinem Leben einen anderen Geschmack, den Geschmack von Freude und Dankbarkeit.

Und Dir wurde eine Taufkerze übergeben. Sie ist ein Bild dafür, dass durch Dich Licht in die Welt gekommen ist. Mit Deiner Geburt verbanden die Eltern die Hoffnung, dass Du diese Welt heller und wärmer werden lässt. Jedes Kind ist ein Lichtblick nicht nur für seine Eltern, sondern für die ganze Welt. Es ist die Verheißung, dass da etwas Neues aufleuchtet in unserer Welt. Vertraue darauf, dass Du Licht bist.

Vielleicht hast Du manchmal den Gedanken in Dir, dass Du nichts beiträgst zur Verwandlung oder Verbesserung in der Welt. Du musst auch nichts Besonderes leisten. Aber Du bist – wenn Du ganz Du selbst bist – ein Licht für die Welt. Durch Dich kann die Welt heller werden. Du kannst Licht ausstrahlen, das den Menschen in Deiner Umgebung guttut. Und von Dir kann Wärme ausgehen, Wärme von Deinen Blicken, Wärme von Deinen Worten. Vielleicht können die Leute auch von Dir manchmal sagen, was die Jünger auf dem Weg nach Emmaus von Jesus sagten:

»Brannte nicht unser Herz in der Brust, als er unterwegs mit uns sprach?«

Lukas 24,32

Du hast wahrscheinlich keine Erinnerung mehr an Deine Taufe, aber vielleicht selbst inzwischen einige Taufen erlebt. Geh an deinem Geburtstag einmal den Taufritus durch und meditiere ihn immer mit dem Wissen: All diese Riten drücken mein Wesen aus, sie sagen etwas über mich und meine Person.

Genieße die Zusagen, die Dir die Taufe gegeben hat. Die Taufe möchte Dir auch innere Freiheit schenken. Du bist nicht nur der Sohn oder die Tochter Deiner Eltern. Deine Aufgabe ist nicht, alle Erwartungen der Eltern zu erfüllen. Deine Aufgabe ist vielmehr, das Geheimnis Deiner Person, so wie die Taufe sie Dir vor Augen führt, zu verwirklichen.

Die Gottesgeburt

Die Mystik spricht nicht nur von unserer Geburt, sondern auch von der Geburt Gottes in uns. Du kennst wahrscheinlich das berühmte Wort von Angelus Silesius:

»Und wäre Christus
tausendmal in Bethlehem geboren,
doch nicht in Dir,
Du wärest ewiglich verloren.«

Aus »Cherubinischer Wandersmann«, 1674

Doch was meint Gottesgeburt? Wir können uns schlecht vorstellen, dass der unendliche Gott in uns geboren wird? Die Gottesgeburt ist ein Bild dafür, dass wir in Berührung kommen mit dem unverfälschten und ursprünglichen Bild, das Gott sich von jedem von uns gemacht hat. Die Gottesgeburt möchte uns sagen: Du bist ein einmaliges Bild Gottes. Wenn Du mit diesem Bild in Berührung bist, bist Du zu Deinem wahren Selbst vorgedrungen.

Carl Gustav Jung, der Schweizer Therapeut, unterscheidet das Ego vom Selbst. Das Ego kreist immer nur um sich selbst und möchte ständig den anderen imponieren. Das Selbst ist die innerste Personmitte. Gottesgeburt bedeutet in psychologischer Hinsicht, dass wir unser Selbst entdeckt haben und in ihm unsere innere Mitte gefunden haben. Zum Selbst gehört für C. G. Jung immer auch das Gottesbild, das in unser innerstes Sein eingeprägt ist.

Der Mystiker Johannes Tauler schreibt von der Gottesgeburt im Menschen in einem anderen Zusammenhang. Er spricht von der Krise der Lebensmitte. Da führt uns Gott in ein Gedränge, weil wir uns zu sehr im Äußeren eingerichtet haben. Wir kennen uns aus, wie das Leben geht. Aber vor lauter Einrichten haben wir unsere Mitte, haben wir das Bild Christi in uns, haben wir unser Selbst verloren. Gott führt uns daher ins Gedränge, um uns durch das Gedränge in den Seelengrund gelangen zu lassen. Das Gedränge oder – modern ausgedrückt – die Krise ist gleichsam der Geburtsschmerz, dass Gott in uns geboren werden kann. Tauler schreibt:

»Verlasse dich auf mich; es erhebt sich kein Gedränge im Menschen, Gott wolle denn eine neue Geburt in ihm vornehmen. Und wisse: was immer dir das Gedränge oder den Druck nimmt oder stillt oder löst, das gebiert sich in dich. Und das ist dann die Geburt, es sei, was es sei, Gott oder Kreatur. Und nun bedenke: nimmt dir eine Kreatur die Bedrängnis, sie hieße, wie sie heiße, die verdirbt dir Gottes Geburt völlig.«

Grün 39, Tauler 217

Die Krise führt zur Gottesgeburt in uns, wenn wir Gott an uns handeln lassen. Wir wollen aber die Krise möglichst schnell in den Griff bekommen, entweder durch einen Menschen, der uns die richtigen Ratschläge gibt, oder aber durch Medikamente. Doch dann decken wir die Krise nur zu. Dann führt sie uns nicht in den Seelengrund, dann gelangen wir nie zu unserem Selbst. Daher ist die Gottesgeburt ein wichtiges Bild für unsere Menschwerdung. Heute ist es ja üblich, dass wir in jeder Verunsicherung oder Krise sofort nach Psychopharmaka greifen. Doch die beruhigen die Krise in uns. Aber sie schneiden uns ab von unserem innersten Kern. Und so kann keine Gottesgeburt im Menschen geschehen. So passt sich der Mensch an, damit er einigermaßen funktioniert. Aber er weigert sich, sich auf den Weg zu seinem wahren Selbst zu machen.

An Deinem Geburtstag solltest Du darüber nachdenken, ob Du Deine Krisen in Deinem Leben selbst lösen wolltest durch irgendwelchen Methoden oder Medikamente oder ob Du sie ausgehalten hast, damit Gott in Dir geboren werden kann, damit Du in Berührung kommst mit Deinem wahren Selbst. Schau an Deinem Geburtstag all die Krisen an, die Du in Deinem Leben schon durchgemacht hast. Und stell Dir vor, dass all diese Krisen Dich in Deinen Seelengrund führen möchten, dass sie Dich zu Deinem wahren Selbst geleiten möchten. Du brauchst nicht alle Krisen selbst zu lösen. Vertraue darauf, dass Gott in Dir geboren werden will. So ist der Gedanke an die Gottesgeburt ein heilsamer Gedanke für Dich. Er zeigt Dir, was Geburt eigentlich meint.

Wenn Gott in Dir geboren wird, dann kommen Dir auch Worte über die Lippen wie: Ich fühle mich wie neu geboren. Es war eine schwere Geburt. Aber jetzt ist alles gut geworden. Jetzt fühle ich mich wie neu.

Geburt ist nicht nur auf Deine biologische Geburt beschränkt. Geburt, damit etwas Neues in Dir entsteht, will ständig geschehen. Du bist nicht nur einmal geboren, Du sollst immer wieder neu geboren werden. Das meint die Gottesgeburt. Wenn Gott in Dir geboren wird, dann wirst Du neu, dann fühlst Du Dich wie neu geboren, dann kannst Du von vorne anfangen. Du bist nicht festgelegt auf Deine Vergangenheit. Dein Geburtstag will Dir sagen: Jeden Tag kann ich neu geboren werden, wenn ich es zulasse, dass Gott in mir geboren wird.

Meine Lebensspur

An Deinem Geburtstag machst Du Dir Gedanken über Dein Leben und über den Sinn Deines Lebens. Jeder gräbt mit seinem Leben eine Spur in diese Welt ein. So kannst Du darüber nachdenken, welche Spur Du bisher in diese Welt eingegraben hast und welche Spur Du in den nächsten Jahren bewusster und intensiver eingraben möchtest.

Manche Menschen meinen ja, ihr Leben wäre nicht wichtig. Sie könnten nicht viel beitragen zur Gestaltung der Welt. Die Welt wird regiert von den Mächtigen, von Politikern, von Wirtschaftlern und von denen, die als Stars in den Medien erscheinen. Doch an Deinem Geburtstag solltest Du Dir bewusst machen: Ich grabe auch eine Spur ein in diese Welt. Ich habe eine Ausstrahlung. Ich begegne Menschen. Von mir geht etwas aus, entweder Freundlichkeit oder Verschlossenheit, entweder Hoffnung oder Verzweiflung, entweder Freude oder Trauer. Ich verbreite das, was in mir ist, in meiner Umgebung. Ich spreche zu den Menschen. Meine Worte bleiben nicht ungehört. Auch wenn sie vielleicht in der Weltöffentlichkeit nicht erklingen, sie berühren die Menschen, zu denen ich spreche.

Die Kirchenväter sagen: Mit der Sprache bauen wir ein Haus. Mit all den Worten, die Du heute sprichst, baust Du ein Haus, entweder ein Haus, in dem Menschen gerne wohnen, weil sie sich angenommen und verstanden fühlen. Oder aber ein Haus, das viele lieber sofort verlassen, weil es so kalt und unwirtlich ist, weil man in diesem Haus ständig bewertet und beurteilt und oft genug verurteilt und verletzt wird.

Du gräbst Deine Lebensspur nicht nur durch große Taten und Projekte ein, von denen man in der Zeitung lesen kann. Dein täglicher Umgang mit den Menschen in Deiner

Familie, in Deinem Freundeskreis und in der Arbeitswelt gräbt eine Spur in diese Welt ein.

Von der Psychologie wissen wir, dass alle Menschen in der Tiefe miteinander zusammenhängen und korrespondieren. Alle Gedanken, die wir denken, haben eine Auswirkung auf andere Menschen. Alle Worte, die wir sprechen, bewirken etwas. Wenn Du im Einklang bist mit Dir, dann geht von Dir eine gute Ausstrahlung aus. Wenn Du aber in Dir innerlich zerrissen und unzufrieden bist, wenn Du innerlich rebellierst gegen Dein Leben und gegen die Welt, dann geht von Dir eine negative Energie aus. Die Physik erklärt diesen inneren Zusammenhang mit dem Bild des Feldes. Wir alle bilden ein Feld. Wenn an einer Stelle das Feld bewegt wird, gibt es auch eine Auswirkung im ganzen Feld.

Wenn Du in die Geschichte schaust, so entdeckst Du da Menschen, die eine Spur der

Verwüstung hinterlassen haben. Andere haben eine Spur der Hoffnung in diese Welt eingegraben.

Wenn Du an die Heiligen denkst, so waren es meistens Menschen, die oft sehr unscheinbar gelebt haben. Therese von Lisieux lebte in einem engen kleinen Karmelitinnenkloster. Nach außen hin war ihr Leben unbedeutend. Doch da sie an sich gearbeitet hat, da sie versucht hat, sich und ihre narzisstischen Tendenzen von der Gnade Gottes verwandeln und heilen zu lassen, spricht man heute noch von ihr. Sie hat mehr bewirkt als viele Politiker, von denen wir in den Geschichtsbüchern lesen.

Du musst natürlich nicht gleich ein Heiliger oder eine Heilige werden. Aber das Beispiel mancher Heiliger mag Dich ermutigen, dass Du diese Welt mitgestalten kannst. Wenn Du an Dir arbeitest, wenn Du Dich und Deine Schattenseiten ehrlich anschaust und Dich mit den inneren Abgründen Deiner Seele Gott hinhältst, dann kann alles in Dir verwandelt werden. Und dann wird das auch Auswirkungen haben auf die ganze Welt.

Jesus hat die Lebensspur, die wir eingraben sollten in diese Welt, als Licht bezeichnet. Wir sollten eine Spur des Lichtes hinterlassen, eine Spur, die das Leben der Menschen erhellt. Dabei kann sich diese Lichtspur auf verschiedene Weisen ausdrücken. Im Matthäusevangelium wird unser Licht den Menschen offenbar, wenn wir gute Taten vollbringen. Durch unser Handeln wird die Welt heller. (Vgl. Matthäus 5,14–16)

Der Evangelist Lukas denkt mehr an die Ausstrahlung, die jeder von uns hat. Er schreibt:

»Dein Auge gibt dem Körper Licht. Wenn dein Auge gesund ist, dann wird auch dein ganzer Körper hell sein. Wenn es aber krank ist, dann

wird dein Körper finster sein. Achte also darauf, dass in dir statt Licht nicht Finsternis ist. Wenn dein ganzer Körper von Licht erfüllt und nichts Finsteres in ihm ist, dann wird er so hell sein, wie wenn die Lampe dich mit ihrem Schein beleuchtet.«

Lukas 11,34–36

Du schaust täglich Menschen an. Von Deinen Augen geht etwas aus: entweder Licht oder Finsternis, entweder Wärme oder Kälte, entweder Barmherzigkeit oder Verurteilung. Du hast Verantwortung für Deine Augen. Achte heute einmal darauf, wie Du die Menschen anschaust, ob Du sie bewertest oder ob Du sie sein lässt, so wie sie sind, ob Du sie vereinnahmen möchtest oder ob Du sie liebevoll anschaust. Wenn Du sie liebevoll anschaust, dann wirst Du auch ihre innere Schönheit entdecken. Und Du wirst ihnen anders begegnen.

Deine Ausstrahlung hängt nicht nur davon ab, wie Du die Menschen anschaust. Jesus fordert uns auf, unseren ganzen Körper von Licht erfüllen zu lassen. Das gelingt nur, wenn wir auch unsere Schattenseiten, all die verdrängten Seiten in uns, wenn wir auch die geheimen aggressiven oder gar sadistischen Gedanken in das Licht Gottes halten, damit Gottes Licht alles in uns verwandle. Wir strahlen Licht aus, wenn alles Dunkle in uns vom Licht Gottes erleuchtet ist.

So wünsche ich Dir an Deinem Geburtstag, dass von Dir eine Spur des Lichtes ausgeht und eine Spur des Segens, dass sich die Menschen von Dir angenommen und gesegnet fühlen. Segnen heißt ja: Gutes sagen – benedicere. Wenn Du heute gute Worte zu den Menschen sprichst, dann fühlen sie sich gesegnet. Und wenn Du die Menschen heute mit einem reinen und absichtslosen Auge anschaust, dann werden sie sich in Deiner Nähe wohlfühlen, dann können sie an ihre eigene Schönheit glauben, und sie fühlen sich frei von den Bewertungen, die sie ständig in der Gesellschaft erfahren.

Gute Vorsätze

Viele machen sich an ihrem Geburtstag gute Vorsätze. Sie denken, ab meinem Geburtstag soll alles anders werden. Sie denken: Ab heute werde ich alles anders machen, ich komme endlich weiter in meinem Bestreben, mich selbst zu beherrschen, nicht mehr so empfindlich zu sein, nicht mehr maßlos im Essen zu sein und immer freundlich zu sein. Doch viele machen die Erfahrung, dass ihre Vorsätze nicht lange anhalten. Es gibt ja den alten Satz: »Der Weg zur Hölle ist mit guten Vorsätzen gepflastert.«

Vorsatz heißt: Ich setze mir etwas vor. Ich nehme mir einen Plan vor. Ich nehme mir ein neues Verhalten vor. Ich stelle mir ein neues Gesetz auf, nach dem ich leben möchte. Doch Vorsätze sind oft allein vom Willen her diktiert. Sie bleiben zu äußerlich. Ich will anders leben. Aber die Frage ist, ob ich anders leben kann. Und die Frage ist, was mich befähigt, anders zu leben. Ich kann mir nicht ein total anderes Verhalten vornehmen, wenn ich in mir nicht die Voraussetzungen für den Vorsatz schaffe.

Daher spreche ich statt von Vorsatz lieber von einem Übungsprogramm, das ich mir vornehme. Das Ziel des Übungsprogramms ist, mein Verhalten zu ändern. Aber ich muss das Übungsprogramm realistisch ansetzen. Ich überlege mir, was mir hilft, mein Verhalten zu ändern. Das können Rituale sein, die ich täglich übe. Sie können etwas in Bewegung in mir bringen. Ich kann mir nicht vornehmen, immer freundlich zu sein. Das ist unrealistisch. Aber ich kann mir vornehmen, jeden Morgen die Mitarbeiter zu segnen. Dann werde ich ihnen zumindest zu Beginn meiner Arbeit freundlich begegnen. Dass dann ein Ärger die Freundlichkeit wieder vertreiben kann, das habe ich nicht in der Hand. Aber mein Übungsprogramm wird dem Ärger nicht so viel Raum geben, dass er tagelang in mir weiter mein Herz aufwühlt.

Es ist sinnvoll, sich am Geburtstag vorzunehmen, sich und sein Leben zu verändern. Allerdings nehmen sich viele Änderungen vor, die gar nicht ihrem Wesen entsprechen. Das, was sie verändern wollen, entspringt mehr ihrem Ehrgeiz.

Die christliche Antwort auf Veränderung wäre eigentlich Verwandlung. In der Veränderung steckt immer auch etwas Aggressives. Ich bin so, wie ich bin, nicht gut. Ich muss anders werden, ein anderer werden, alles anders machen. Verwandlung jedoch ist sanfter. Verwandlung heißt: Alles darf sein. Alles ist gut. Ich würdige mich und mein Leben, so wie es ist.

In der Verwandlung steckt die Sehnsucht, dass ich mehr und mehr hineinwachse in die einmalige Gestalt, die meinem Wesen entspricht. Verwandelt werden kann nur das, was ich anschaue und annehme.

Und Verwandlung braucht die Begegnung. Indem ich meine Wirklichkeit, so wie sie ist, auch mit meinen Schattenseiten, Gott hinhalte, kann in mir eine Wandlung geschehen. Ich bitte Gott, dass sein Geist in meine Abgründe eindringt und alles durchdringt und verwandelt.

Eine andere Voraussetzung von Verwandlung ist, dass ich mich selbst genau anschaue: Was hindert mich, freundlich zu sein? Welchen Sinn hat meine Empfindlichkeit? Was steckt dahinter? Welche alten Verletzungen machen mich so empfindlich?

Verwandlung kann nur dann geschehen, wenn ich auch die tieferliegenden Schichten meiner Seele, die für das unangemessene Verhalten verantwortlich sind, anschaue und Gott hinhalte. Dann wandelt sich nicht nur mein Verhalten, sondern ich selbst werde verwandelt. Meine Einstellung zum Leben wandelt sich. Ich werde barmherziger mit mir umgehen. Wer gegen sich und sein unangemessenes Verhalten kämpft, der weckt eine Gegenkraft, mit der er dann ständig zu tun hat. Nur wer barmherzig mit sich umgeht, darf erleben, wie sich nach und nach in ihm etwas verwandelt.

Dein Geburtstag lädt Dich ein, Dich und Dein Leben mit einem barmherzigen Blick anzuschauen und darauf zu vertrauen, dass Gott Dich mehr und mehr in das Bild hinein verwandelt, das er sich von Dir gemacht hat.

Dankbarkeit

Dein Geburtstag ist Anlass, Gott für Dein Leben zu danken. Es gibt sicher vieles, wofür Du danken kannst, für all die Erfahrungen, die Du gemacht hast, für die Liebe, die Du erfahren hast und die Du anderen geschenkt hast. Du kannst danken für Deine Gesundheit, für Deine Fähigkeiten, die Gott Dir in die Wiege gelegt hat. Und Du kannst danken für den Augenblick, dass Du jetzt lebst, dass Du diesen Augenblick genießen kannst. Und Du kannst dankbar sein für Deine Vergangenheit, dass Du schon so viel erlebt hast und nun ein erfahrener Mann, eine erfahrene Frau geworden bist.

Danken kommt von denken. Wer richtig denkt, der ist auch dankbar. So geht es an Deinem Geburtstag darum, richtig über Dich und Dein Leben nachzudenken. Es gibt auch Menschen, die immer nur das Negative in ihrem Leben sehen. Sie sind gar nicht offen für das, was Gott oder was Menschen ihnen schenken. Sie sind immer unzufrieden und jammern darüber, was sie nicht haben. Das, was sie haben, übersehen sie. Daher kommt es auf das richtige Denken an.

Das richtige Denken beginnt bei der Erinnerung. Erinnere Dich an all das, was Du erlebt hast. Wenn Du Dich erinnerst, dann wird alles, was Du erfahren hast, zu einer inneren Wirklichkeit in Dir, die Dich bereichert.

Für den römischen Philosophen Cicero ist die Dankbarkeit die Mutter aller Tugenden. Er spricht von der »grata memoria«, vom dankbaren Gedenken. Das zeichnet den Menschen aus. Er hat nicht nur etwas erlebt, er kann sich an das, was er erlebt hat, dankbar erinnern und so das Erlebte verinnerlichen.

Die dankbare Erinnerung wacht darüber, dass mir nichts Wertvolles aus meinem Leben verloren geht, dass ich das Wertvolle gleichsam wie einen Schatz in mir aufbewahre. So wird an Deinem Geburtstag Dein Leben zu einem Schatz, den Du dankbar hüten sollst.

Die Dankbarkeit an Deinem Geburtstag zeigt Dir, dass Du Dein ganzes Leben Gott verdankst. Du hast Dich nicht selbst geschaffen. Deine Existenz ist Dir von Gott geschenkt worden. Deine Antwort darauf ist die Dankbarkeit. Vielleicht kannst Du Deine Dankbarkeit nicht besser ausdrücken als mit den Worten des Psalmisten:

»Du hast mein Innerstes gebildet,
hast mich gewoben im Schoß meiner Mutter.
Ich danke dir, dass ich so staunenswert
und wundersam gemacht bin.
Ja, das weiß ich: Wunderbar sind deine Werke.
Dir waren meine Glieder nicht verborgen,
als ich gestaltet wurde im Geheimen,
kunstvoll gewirkt in den Tiefen der Erde.

Deine Augen sahen, wie ich entstand,
in deinem Buch war schon alles verzeichnet.
Meine Tage waren schon gebildet,
als noch keiner von ihnen da war.
Wie hoch, o Gott, sind mir deine Gedanken,
wie gewaltig ist ihre Fülle.«

Psalm 139,13–17

Segenswünsche zu Deinem Geburtstag

Dein Geburtstag wird normalerweise von Deinen Freunden oder Verwandten gestaltet. Aber Du kannst selbst dazu beitragen, wie Du Deinen Geburtstag feierst. Du kannst Deine Wünsche äußern, wie Du Deinen Geburtstag am liebsten begehen möchtest, ob im kleinen Kreis oder in großer Runde, ob mehr still durch einen gemeinsamen Spaziergang, zu dem Du die Menschen einlädst, die Dir am Herzen liegen, durch eine gemeinsame Mahlzeit in einer Gastwirtschaft oder aber durch ein Picknick im Grünen, das Du selbst gestaltest. Gerade Ehepaare können da ihre Phantasie entfalten, wie sie den Geburtstag gerne gestalten. Das hängt ja immer auch davon ab, ob es ein runder oder ein normaler Geburtstag ist.

Ich möchte Dir gerne einen Vorschlag machen, wie Du Deinem Geburtstag eine etwas andere Prägung geben kannst. Ganz gleich, wie die äußere Feier ist, im kleinen Kreis, allein mit Deinem Partner oder Deinem Freund – oder auch ganz allein mit Dir selbst –, es würde mich freuen, wenn Du einen der drei folgenden Segenswünsche für den Geburtstag laut vorlesen würdest. Du kannst den Wunsch auch allein für Dich laut lesen. Dann hörst Du Deine Worte.

Während Du sprichst, berühren Dich die Worte emotional anders als beim bloßen Lesen. Und Du kannst die Menschen, die mit Dir feiern, einladen, Dir zuzuhören. Du möchtest gerne ein Segensgebet für Dich selbst sprechen. Du möchtest durch diese Worte zum Ausdruck bringen, was Dir an Deinem Geburtstag am Herzen liegt.

Du wirst sehen, dass die Mitfeiernden Dir gerne zuhören und dass da auf einmal eine ganz andere Atmosphäre entsteht. Du kannst ja sagen, dass es nicht Deine eigenen Worte sind, sondern Worte, die Du gelesen hast, die Dich aber innerlich berühren.

Nun wähle eines der drei folgenden Segensgebete aus und lies sie ganz langsam laut vor und koste jedes Wort und sage Dir: Ja, das spreche ich nicht nur mit meinem Mund, sondern auch mit meinem ganzen Herzen.

Erster Segenswunsch

Meine Geburt war ein neuer Anfang. Mein Geburtstag lädt mich ein, auf dem Hintergrund meiner Lebensgeschichte von Neuem anzufangen. Ich möchte von dem Punkt aus beginnen, an dem ich jetzt stehe.

Gott möge mein neues Lebensjahr segnen. Sein Segen ermöglicht mir einen neuen Anfang und eine neue Zukunft. Ich bin nicht festgelegt durch die Vergangenheit. Ich kann von vorne anfangen, ich kann all die Möglichkeiten, die Gott mir geschenkt hat, auf neue Weise leben.

Gott segne meinen künftigen Weg, dass er mich in immer größere Liebe, Freiheit, Frieden und Lebendigkeit hineinführe und dass alle Schritte, die ich im neuen Jahr mache, gesegnet sind und Segen bringen.

Zweiter Segenswunsch

Ich bin ein Jahr älter geworden. Ich schaue auf das vergangene Jahr zurück. Ich möchte dankbar alles annehmen, was Gott mir im vergangenen Jahr geschenkt, aber auch was er mir zugemutet hat.

Ich wünsche mir, dass Gottes Segen mich befähigt, mich mit allem zu versöhnen, was im letzten Jahr war, auch mit dem Dunklen, das in meiner Seele liegt. Das Dunkle lässt mich das Licht deutlicher erkennen, das Gott um mich herum und in mir aufstrahlen lässt.

So bitte ich heute an meinem Geburtstag darum, dass Gottes Segen alles Dunkle in mir erleuchte, dass das Licht Gottes alles verkläre, was ich auf meinem Weg bisher erlebt habe, auch das Schwere und Harte.

Ich weiß: Durch alles, was ich erlebt habe, bin ich zu dem geworden, der ich jetzt bin. Alles hat mich geformt. Gott selbst hat mich durch alle Erlebnisse meines Lebens geformt.

Heute an meinem Geburtstag möchte ich dankbar bekennen, dass auch die schwierigen Jahre für mich ein Segen waren. Und so denke ich dankbar an mein Leben zurück. Ich erinnere mich gerne an alles, was Gott mich erleben ließ.

Und ich bin dankbar für die Menschen, die mich auf meinem Weg begleitet haben. Ich bitte darum, dass Gott mich und uns alle segnet und uns mit seinem Segen auf unserem Weg begleitet.

Dritter Segenswunsch

Jedes Jahr hat seine Chance. Jedes Alter birgt in sich neue Möglichkeiten. Ich danke Gott für all die Jahre, die er mir geschenkt hat. Und ich danke ihm für das Alter, das ich mit meinem Geburtstag heute erreicht habe.

Ich möchte mein Leben unter dem Bild des Baumes betrachten: Jeder Baum hat seine Jahresringe. Jedes Jahr ist wichtig, damit der Baum die Gestalt bekommt, die er jetzt hat. Gerade die stürmischen Jahre haben den Baum dazu bewegt, seine Wurzeln noch tiefer in die Erde zu graben.

Auch mein Leben hat seine Ringe. Jedes Jahr hat mich geprägt. Gerade in den Stürmen meines Lebens habe ich meine Wurzeln tiefer in die Erde eingegraben, ja ich habe mich letztlich immer tiefer in Gott selbst verwurzelt. Ich bin der Baum geworden, der ich jetzt bin. Und ich wünsche mir und bitte Gott darum, dass mein Baum die Menschen in meiner Nähe einlädt, unter seinem Schatten zu sitzen und sich am Leben zu erfreuen.

Ich bitte Gott darum, dass ich manchmal für andere auch ein Baum sein darf, an den sie sich gerne lehnen, um auszuruhen, um sich Kraft zu holen und um mit ihren eigenen Wurzeln in Berührung zu kommen.

Und ich bitte ihn darum, dass mein Baum auch Früchte trägt, von denen sich andere nähren und an denen sie sich freuen dürfen. Ich bitte Gott, dass er seine Verheißung an mir erfüllt, die er durch den Psalmisten mir zuspricht:

»Selig der Mensch,
der seine Lust hat an der Weisung des Herrn,
der bei Tag und bei Nacht
über seine Weisung nachsinnt.
Er gleicht dem Baum,
der an Wasserbächen gepflanzt ist,
der zur rechten Zeit seine Frucht bringt
und dessen Blätter nicht welken.«

Psalm 1,1–3

Zitierte Literatur

Otto Betz: *Das Geheimnis der Zahlen.* Stuttgart 1989.

Otto Betz, *Existenz,* in: *Praktisches Lexikon der Spiritualität*, herausgegeben von Christian Schütz, Freiburg im Breisgau 1988.

Anselm Grün: *Lebensmitte als geistliche Aufgabe.* Münsterschwarzacher Kleinschriften Band 13, Münsterschwarzach, 18. Auflage 2011.

Johannes Tauler: *Predigten.* Vollständige Ausgabe, übertragen und herausgegeben von Georg Hofmann, Freiburg im Breisgau 1961.

Wilhelm Zauner, *Fest/Feier,* in: *Praktisches Lexikon der Spiritualität*, herausgegeben von Christian Schütz, Freiburg im Breisgau 1988.

In gleicher Ausstattung sind von Anselm Grün bisher erschienen:

Alles Gute zum Geburtstag
Auf der Suche nach dem inneren Gold
Das Geheimnis der Begegnung
Du bist ein Engel für mich
Ein Licht auf deinem Weg
Freu dich am Leben
Verschenke dein Herz
Wage den Neuanfang

Vier-Türme-Verlag
Schweinfurter Straße 40, 97359 Münsterschwarzach
Tel. 09324 / 20 295, Fax: 09324 / 20 495
Bestellmail: info@vier-tuerme.de
www.vier-tuerme-verlag.de